O LIVRO DA GRATIDÃO

O LIVRO DA GRATIDÃO

inspiração para agradecer

CAROLINA CHAGAS

Copyright © 2017 by Carolina Chagas

O selo Fontanar foi licenciado pela Editora Schwarcz S.A.

Grafia atualizada segundo o Acordo Ortográfico da Língua Portuguesa de 1990, que entrou em vigor no Brasil em 2009.

CAPA, IMAGEM DE CAPA E PROJETO GRÁFICO *Estúdio Bogotá*
ILUSTRAÇÕES *Helena Cintra — Estúdio Bogotá*
PREPARAÇÃO *M. Estela Heider Cavalheiro*
REVISÃO *Thaís Totino Richter e Clara Diament*

Dados Internacionais de Catalogação na Publicação (CIP)
(Câmara Brasileira do Livro, SP, Brasil)

Chagas, Carolina
O livro da gratidão : inspiração para agradecer /
Carolina Chagas. — 1ª ed. — São Paulo : Fontanar, 2017.
ISBN: 978-85-8439-062-5

1. Gratidão 2. Gratidão (Psicologia) I. Título.

17-01672   CDD-158.1

Índice para catálogo sistemático:

1. Gratidão : Desenvolvimento pessoal : Psicologia aplicada 158.1

10ª reimpressão

[2021]
Todos os direitos desta edição reservados à
EDITORA SCHWARCZ S.A.
Rua Bandeira Paulista, 702, cj. 32
04532-002 — São Paulo — SP
Telefone: (11) 3707-3500
www.companhiadasletras.com.br
www.blogdacompanhia.com.br
facebook.com/Fontanar.br

Para João.
Sempre e cada vez mais.

apresentação

Em uma conferência feita em 2013 para o TED, o monge beneditino David Steindl-Rast disse que vivemos numa era de mudança de consciência, em que as pessoas serão capazes de experimentar uma felicidade compartilhada e construir um mundo melhor. Nascido na Áustria e formado em psicologia, Steindl-Rast mudou-se nos anos 1950 para os Estados Unidos. Lá converteu-se ao catolicismo, virou monge beneditino, abriu o diálogo com os budistas e começou a estudar as religiões orientais. É um dos fundadores do Centro para Estudos Espirituais, onde leciona ao lado de judeus, indianos, budistas e sufis. Ele sabe muito bem do que está falando.

Segundo Steindl-Rast, a mudança de consciência começa com uma atitude: ter gratidão pela vida. Por abrir os olhos e enxergar, por ter água potável jorrando da torneira da cozinha, por apertar um interruptor e ter luz elétrica 24 horas dentro de casa. E esta mensagem já teve mais de 5 milhões de visualizações.

Para o historiador Leandro Karnal, agradecer é reconhecer a nossa dimensão humana. "A gratidão é um dos elementos importantes da pequena ética, um gesto de reconhecimento do nosso papel no universo", explica. Segundo os estudos de Karnal, ser grato é ser humilde. "Neste mundo líquido, em que todos são relativamente iguais no trânsito, no vestir, na sala de cinema, a gratidão assumiu uma nova função, que é reconhecer o nosso papel no mundo."

Filósofos, psicólogos, antropólogos e sociólogos já escreveram sobre o tema. A bibliografia não é vasta, mas consistente. A gratidão é considerada uma das principais virtudes do homem, ingrediente para a formação moral do indivíduo, fator indispensável para o bem-estar social. Um estudo feito em 2007 com casais longevos na Índia analisou que, diferentemente de países em que as uniões se dão por amor, o divórcio é raro nos casamentos arranjados daquele país. Para surpresa geral, gratidão foi a palavra mais ouvida para explicar a longevidade dos relacionamentos.

Mais recentemente, estudos divulgados por neurocientistas e pesquisadores de universidades como Oxford, Yale e Princeton comprovam os benefícios de sentimentos como a gratidão para a saúde e os relacionam a outros, como felicidade e resiliência.

A palavra "gratidão" é também parte do vocabulário das mais diversas religiões. No budismo, ela é descrita como o modo de o ser humano se relacionar com a vida. Ao sentir gratidão, ensinam os discípulos de Buda, provamos ter despertado para a interdependência de todos os seres deste mundo apontada pelo mestre. Jesus Cristo também pediu para que fôssemos gratos em qualquer situação. Entre os povos pré-hispânicos, havia o hábito de agradecer todos os dias depois do nascer e do pôr do sol. Os primeiros habitantes das Américas eram muito ligados ao tempo presente e gratos pelos ciclos da natureza.

Este livro foi pensado como uma consequência do cultivo cada vez mais frequente desse nobre sentimento ao nosso redor: a ideia é apresentar frases e textos que expliquem de forma poética e afetiva o significado dessa palavra tão delicada. Os textos foram escolhidos de maneira livre e descompromissada, em muitas tardes, noites e manhãs em bibliotecas, bares, na internet e em conversas com amigos e especialistas. Na segunda parte do livro, são sugeridos exercícios e práticas que inspiram gratidão.

Gostaria de dizer que este trabalho me encheu de alegria. Espero que ela se manifeste nas páginas a seguir.

Boa leitura e muito obrigada.

Carolina Chagas

parte um

Se compreendermos a origem das palavras "gratidão" e "obrigado", talvez reconheçamos a grandiosidade desse sentimento e da atitude que o acompanha. Em uma comunidade de ascendência iorubá, a palavra "*dupe*" ("obrigado") nos é ensinada desde os primeiros passos rumo ao "sacerdócio", pois a referida palavra está diretamente relacionada com "*ope*" ("gratidão"). O sentimento de gratidão forma uma ligação de afetividade consciente. Afinal, "obrigado" tem origem no latim *obligare*, que significa "para unir".

Quando, portanto, um muito obrigado é dito para alguém, elos estão se formando em uma corrente de amizade e cooperação mútua.

MÃE STELLA DE OXÓSSI

Doutora honoris causa pela Universidade Federal da Bahia e ocupante da cadeira 33 da Academia de Letras da Bahia, Maria Stella de Azevedo Santos é uma das mães de santo mais prestigiadas do Brasil. Nasceu em Salvador no dia 2 de maio de 1925 e foi iniciada no candomblé aos catorze anos. É defensora dos direitos humanos e uma referência no combate à intolerância religiosa e ao racismo. É autora de diversos livros e colabora constantemente com jornais e periódicos. O trecho apresentado foi retirado do texto "Quanto custa um 'muito obrigado'?", de sua autoria, publicado numa revista universitária.

A gratidão é o vinho da alma. Vá em frente. Embriague-se!

ATRIBUÍDO A RÛMÎ

Filósofo, poeta e místico, Rûmî nasceu em Balkh, no atual Afeganistão, e morou grande parte de sua vida na Turquia. Também conhecido como Jalâl ad-Dîn Muhammad Balkhî, viveu de 1207 a 1273. É considerado um dos maiores poetas do mundo. Para se ter uma ideia da dimensão de sua obra, em honra a seu 800º aniversário, 2007 foi declarado o "ano internacional de Rûmî" pela Unesco. O *Masnavi*, o chamado "alcorão persa", é uma das mais importantes coletâneas de poesia de todos os tempos. Rûmî defendia a tolerância, a música, o bom humor e convidava todos a experimentar a alegria da comunhão com o divino.

A gratidão é a virtude
das almas nobres.

ATRIBUÍDO A ESOPO

Esopo, que viveu na Grécia por volta do século VII a.C., foi um dos muitos contadores de histórias da Antiguidade. Segundo o historiador grego Heródoto, Esopo foi escravo do filósofo Xanto. Em suas fábulas, recheadas de condutas e normas de boa convivência, animais se comportam como humanos. Muito populares na Grécia, as fábulas foram citadas por filósofos como Platão e Aristóteles e serviram de inspiração a inúmeros escritores no decorrer dos séculos.

Levantemos para o dia e
sejamos gratos. Porque, se
não aprendermos muito hoje,
pelo menos aprenderemos um
pouco, e, se não aprendermos
um pouco, pelo menos não
ficaremos doentes, e, se
ficarmos doentes, pelo menos
não morreremos. Então
sejamos todos gratos.

ATRIBUÍDO A SIDARTA GAUTAMA, BUDA

Popularmente conhecido como Buda, que significa "o iluminado", Sidarta Gautama nasceu meio milênio antes de Cristo aos pés do Himalaia, numa região hoje pertencente ao Nepal. Segundo uma profecia, ele se tornaria um homem santo. Para evitar essa previsão, seu pai, rei do clã dos shakya, cercou-o de luxo e prazeres. E assim foi até que Sidarta completasse 29 anos. Infeliz e entediado, certo dia saiu do palácio e, ao presenciar cenas de pobreza e tristeza, propôs-se a buscar a explicação para tanto sofrimento. Até os 35 anos, passou por todo tipo de privação. Sob uma figueira desenvolveu um conjunto de práticas morais e mentais que inspirou uma das mais populares religiões contemporâneas. Entre outras coisas, pregava a atenção plena no presente como forma de encontrar a serenidade e a felicidade. Virou um mestre com muitos seguidores e morreu na Índia aos oitenta anos, por volta do ano 484 a.C.

A gratidão é
a memória
do coração.

ATRIBUÍDO A ANTÍSTENES

Antístenes viveu de 445 a 365 a.C. em Atenas, na Grécia. Foi um dos discípulos de Sócrates e é considerado o fundador da escola cínica de filosofia. A palavra "cínico" deriva de "cão"e diz muito sobre essa corrente, que pregava que todos os homens vivessem em virtude, na natureza. O significado atual da palavra remete aos aspectos negativos da descrição do homem proposta pelos filósofos dessa corrente. Atribui-se também a Antístenes a frase "Preste atenção em seus inimigos, porque eles serão os primeiros a apontar os seus defeitos".

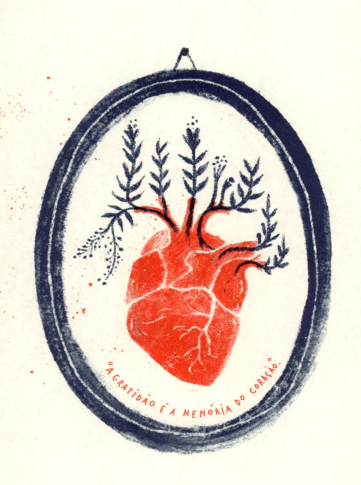

A gratidão não somente
é a maior das virtudes
como também é a mãe
de todas as outras.

ATRIBUÍDO A CÍCERO

Filósofo, tradutor, político, orador e constitucionalista romano, Cícero viveu de 103 a 43 a.C. Um de seus maiores méritos foi traduzir para o latim os principais filósofos gregos, inspirando e influenciando, dessa forma, todo o pensamento renascentista.

Por tudo dai graças,
pois esta é a vontade de
Deus a vosso respeito,
em Cristo Jesus.

BÍBLIA, NOVO TESTAMENTO

Dizem os escritos que, no ano 50, o apóstolo Paulo evangelizou Tessalônica, a capital da Macedônia, situada às margens do mar Egeu, e, no ano 51, escreveu a primeira carta aos tessalonicenses, de onde essa frase foi tirada (5,18). Ela é considerada o texto mais antigo do Novo Testamento.

A lei foi dada para que
se implore a graça; a
graça foi dada para que
se observe a lei.

ATRIBUÍDO A SANTO AGOSTINHO

O filósofo viveu de 354 a 430 em Hipona, cidade do Império Romano situada na África. Foi um dos mais importantes pensadores e teólogos dos primeiros anos do cristianismo. Antes de se converter e ser batizado na Igreja católica, estudou profundamente o maniqueísmo e os textos de Platão. Chegou a se tornar bispo de Hipona. Acreditava que a graça de Cristo levava à libertação dos homens.

A gratidão é o
único tesouro dos
humildes.

ATRIBUÍDO A WILLIAM SHAKESPEARE

William Shakespeare é considerado por muitos o maior dramaturgo da língua inglesa. Batizado em 1564 na igreja da Santíssima Trindade, em Stratford-upon-Avon, foi enterrado no mesmo local em 1616. É autor, entre outras peças, de *Hamlet*, *Rei Lear*, *Sonho de uma noite de verão*, *Otelo*, *Muito barulho por nada*. Sua obra, considerada um dos grandes legados da língua inglesa, também inclui poemas que mudaram a história do cânone literário mundial.

Na minha velhice agradeço — agradeço antes de partir,

*Pela saúde, pelo sol do meio-dia, pelo ar impalpável — pela
    vida, simplesmente pela vida,*

*Pelas preciosas e inesquecíveis memórias (de ti, mãe querida — de
    ti, pai — de vós, irmãos, irmãs, amigos),*

Pelos meus dias todos — não só os de paz — os de guerra também,

*Pelas palavras gentis, pelas carícias, pelas oferendas de
    estrangeiras terras,*

Pelo abrigo, pelo vinho e pela carne — pela doce estima,

*(Meus bem-amados leitores, e desconhecidos — jovens ou
    velhos —, inumeráveis, indeterminados,*

*Nunca nos encontramos nem nos encontraremos, mas nossas
    almas dão um longo, longo abraço);*

*Pelos seres, grupos, pelo amor, por palavras e ações, livros —
    formas, cores,*

*Pelos homens fortes, bravos — devotos, audazes —, que se
    levantaram para defender a liberdade em todas as épocas,
    em todas as terras,*

*Pelos homens mais fortes, bravos, devotos, audazes —
    (uma especial coroa de louros antes de partir para os eleitos
    na guerra da vida,*

*Os do canhão do canto e do pensamento — os grandes
    artilheiros — os líderes supremos, capitães da alma);*

*Como um soldado que regressa de uma guerra sem fim — como
    um viajante de incalculáveis distâncias, relembrando a
    longa procissão,*

*Agradeço — agradeço alegremente! —, agradeço como um
    soldado, como um viajante.*

WALT WHITMAN

Poeta, jornalista, professor e ensaísta, Walt Whitman influenciou grande parte dos escritores do início do século XX. Nascido em 31 de maio de 1819 em Long Island, no estado de Nova York, é autor de *Leaves of Grass* (em português, *Folhas de relva*), sua obra-prima, escrita e revisada ao longo de várias décadas. No extenso livro, Whitman tentou retratar a natureza física, emocional, moral, intelectual e espiritual de um homem — que, segundo dizem, era ele mesmo. Considerado o pai dos versos livres, expôs seu pensamento num momento de expansão da democracia nos Estados Unidos e mostrou como os valores iluministas influenciaram aquele país, criando uma forte noção nacionalista. Durante a Guerra de Secessão, Whitman atuou como enfermeiro voluntário nos campos de batalha. Assumidamente homossexual, levou uma vida livre, trabalhando ora como jornalista ora como professor. Em 1873, após um derrame, teve o corpo aos poucos tomado pela paralisia física. Até sua morte, em março de 1892, ainda escrevia e revisava sua obra poética.

Este poema, conhecido como "Thanks in Old Age", foi introduzido a *Folhas de relva* somente na última edição em vida do autor.

A gratidão de quem
recebe um benefício é
sempre menor do que o
prazer daquele que o faz.

MACHADO DE ASSIS

Célebre por seus livros realistas, como *Memórias póstumas de Brás Cubas*, *Quincas Borba* e *Dom Casmurro*, Joaquim Maria Machado de Assis também escreveu obras românticas. Escritor, jornalista, poeta e crítico literário, nasceu no Rio de Janeiro em 21 de junho de 1839 e morreu, também no Rio, em setembro de 1908. Era mestiço e completou apenas o curso primário, mas sempre buscou o conhecimento. Era fluente em francês, inglês e alemão. Essa citação pertence ao conto "Almas agradecidas", do livro *Histórias românticas*, uma coletânea com textos que Machado de Assis publicou entre 1864 e 1878 no *Jornal das Famílias*.

A verdadeira amizade se funda
na virtude: tudo aquilo que é
contrário à virtude num amigo
é impedimento da amizade, e
tudo aquilo que é virtuoso a
estimula. Dessa forma, a amizade
se conserva pela compensação
de benefícios — se bem que isso
pertença especialmente à virtude
da gratidão.

SÃO TOMÁS DE AQUINO

Autor da *Suma teológica*, que até hoje serve de base para os estudos religiosos, o frade Tomás de Aquino nasceu em uma família nobre na região do Lácio, na Itália, em 1225. Desde muito cedo, interessou-se pelas questões religiosas, buscando conciliar a fé com o pensamento filosófico. Contra a vontade da família, seguiu a carreira religiosa na Ordem de São Domingos. Morreu aos 49 anos a caminho do Concílio de Lyon, onde seria homenageado pelo conjunto de sua obra. Em sua *Suma teológica*, discute a importância e os níveis da gratidão, trecho conhecido como "Tratado sobre a gratidão".

Sejamos gratos às pessoas que nos propiciam felicidade; são elas os adoráveis jardineiros que nos fazem florir a alma.

MARCEL PROUST

Valentin Louis Georges Eugène Marcel Proust nasceu em Paris, em 1871. Seus pais tinham posses, o que lhe permitiu frequentar salões aristocráticos e conhecer grandes escritores e artistas de seu tempo. Formou-se em direito na Sorbonne. Com vinte anos começou a colaborar para a revista *Le Bauquet*. Sua obra-prima, *Em busca do tempo perdido*, publicada em sete volumes, saiu entre 1913 e 1927. Proust sofria de asma e morreu em 1922, não chegando a ver prontos os três últimos volumes de seu grande trabalho.

Um pátio

Com a tarde
cansaram-se as duas ou três cores do pátio.
Nesta noite, a lua, o claro círculo,
não domina seu espaço.
Pátio, céu canalizado.
O pátio é o declive
por onde se derrama o céu na casa.
Serena,
a eternidade aguarda na encruzilhada de estrelas.
Grato é viver na sombria amizade
de um saguão, de uma parreira e de um poço.

JORGE LUIS BORGES

O escritor argentino Jorge Luis Borges, nascido em Buenos Aires em 24 de agosto de 1899, aprendeu a ler em inglês com a avó antes de aprender a ler em castelhano. Aos seis anos disse ao pai que seria escritor. Cumpriu sua promessa. Seus primeiros textos foram escritos antes dos dez anos. Viveu muito tempo em Genebra, na Suíça, e depois na Espanha. Com 22 anos voltou a morar em Buenos Aires e se apaixonou por sua cidade natal, onde exerceu sua escrita com exuberância. Faleceu em Genebra, em junho de 1986. O poema "Um pátio" faz parte de seu primeiro livro, *Fervor de Buenos Aires* (1923), publicado pela Companhia das Letras no volume *Primeira poesia* (2008).

Shamati 26 – O futuro da pessoa depende e está ligado à gratidão pelo passado

Este é o significado do que
está escrito:
"Eu Te agradeço pela graça
que Tu fizeste comigo".

RABASH

Nascido em Varsóvia, na Polônia, em 22 de janeiro de 1907, Baruch Shalom Halevi Ashlag, ou Rabash, é considerado um dos grandes pensadores da cabala moderna. Foi um dos nove discípulos de seu pai, o rabino Yehuda Leib Halevi Ashlag, outra referência na interpretação dos textos místicos do judaísmo. No período em que teve aulas com o pai, preencheu um caderno, que chamou de *Shamati* (em hebraico, "eu ouvi"). O livro, formado por textos numerados, muito próximos da forma como eram proferidos pelo pai, foi publicado depois da morte de Rabash. Este trecho é de um desses textos. Segundo os especialistas, são plenos de magia. Rabash morreu em Israel em setembro de 1991, onde trabalhou por mais de trinta anos no Instituto de Cabala.

Ode à gratidão

Grato pela palavra
que agradece.
Grato a grato
pelo
quanto essa palavra
derrete neve ou ferro.

O mundo parecia ameaçador
até que suave
como pluma
clara,
ou doce como pétala de açúcar,
de lábio em lábio
passa,
grato,
grandes a boca plena
ou sussurrantes,
apenas murmuradas,
e o ser voltou a ser homem
e não janela,
alguma claridade
entrou no bosque:
foi possível cantar embaixo das folhas.

Grato, és pílula
contra
os óxidos cortantes do desprezo,
a luz contra o altar da dureza.

[...]

PABLO NERUDA

Autor de obra vasta e admirável, Pablo Neruda nasceu em 12 de julho de 1904, em Parral, no Chile. Batizado Ricardo Eliezer Neftalí Reyes Basoalto, o poeta assumiu seu nome artístico em homenagem ao tcheco Jan Neruda em 1920, quando escrevia para a revista literária *Selva Austral*. Estudou francês e pedagogia na Universidade do Chile e foi funcionário do consulado chileno na Birmânia, no Sri Lanka, na Indonésia, em Cingapura, na Argentina, na Espanha, nas cidades de Barcelona e Madri e no México. Participou ativamente de movimentos de esquerda depois da Guerra Civil Espanhola, onde perdeu o grande amigo García Lorca. Eleito senador pelo Partido Comunista Chileno em 1945, viveu por alguns anos na clandestinidade. Ganhou o prêmio Nobel de Literatura em 1971. Morreu em setembro de 1973 em Santiago, no Chile.

Estado de graça

Quem já conheceu o estado de graça reconhecerá o que vou dizer. Não me refiro à inspiração, que é uma graça especial que tantas vezes acontece aos que lidam com arte.
O estado de graça de que falo não é usado para nada. É como se viesse apenas para que se soubesse que realmente se existe. Nesse estado, além da tranquila felicidade que se irradia de pessoas e coisas, há uma lucidez que só chamo de leve, porque na graça tudo é tão, tão leve. É uma lucidez de quem não adivinha mais: sem esforço, sabe. Apenas isto: sabe. Não perguntem o quê, porque só posso responder do mesmo modo infantil: sem esforço, sabe-se.
E há uma bem-aventurança física que a nada se compara. O corpo se transforma num dom. E se sente que é um dom porque se está experimentando, numa fonte direta, a dádiva indubitável de existir materialmente.
No estado de graça vê-se às vezes a profunda beleza, antes inatingível, de outra pessoa. Tudo, aliás, ganha uma espécie de nimbo que não é imaginário: vem do esplendor da irradiação quase matemática das coisas e das pessoas. Passa-se a sentir que tudo que existe — pessoa ou coisa — respira e exala uma espécie de finíssimo resplendor de energia. A verdade do mundo é impalpável. [...]

CLARICE LISPECTOR

Este texto é um fragmento de uma crônica de Clarice Lispector publicada no *Jornal do Brasil* em 6 de abril 1968. Nela, a autora expressa de forma iluminada e feliz o que é sentir gratidão. Clarice nasceu na Ucrânia em 10 de dezembro de 1920, mas veio aos dois meses para o Brasil e sempre se considerou brasileira. Morou em Maceió, no Rio de Janeiro e, no período em que foi casada com um diplomata, nos Estados Unidos, na Suíça, na Itália e na Inglaterra. Clarice ousou, experimentou e se expôs na literatura. "Estado de graça" foi publicada no livro *A descoberta do mundo*, com outro texto em que ela expressa gratidão por sua máquina de escrever. Clarice morreu em 9 de dezembro de 1977, no Rio de Janeiro.

Há, antes de tudo, a grandeza
daquele(a) que escreve a fim de dar,
em dar e, portanto, a fim de dar para
esquecer a dádiva e o dado, o que é
dado e o ato de dar, o que é a única
maneira de dar, a única maneira
possível — e impossível. Mesmo antes
de qualquer restituição, simbólica
ou real, antes de toda gratidão, a
simples lembrança, na verdade a mera
consciência da dádiva, por parte do
doador ou do receptor, anula a própria
essência da dádiva.

A dádiva tem de ser sem
retorno, sem um esboço,
ainda que simbólico,
de gratidão.

JACQUES DERRIDA

Quando o filósofo Jacques Derrida (1930-2004) ministrava seus seminários na Escola de Estudos Avançados em Ciências Sociais, em Paris, Emmanuel Levinas (1906-95) era a grande referência. Filósofos judeus que observavam a Europa, os dois escreveram textos sobre o trabalho um do outro (Derrida escreveu muito mais sobre Levinas do que o contrário). E houve, sim, troca de afetos intelectuais entre ambos, imbuídos de gratidão pelo impulso que o texto do outro provocava no primeiro. Como bom filósofo que era, com especial carinho pela desconstrução, Derrida fala bastante do sentimento de dar que move a gratidão, que deve ser livre de qualquer necessidade de resposta. A verdadeira gratidão se encerra em si mesma, sem esperar outro ato de reconhecimento a partir dela. O trecho acima está no artigo "En Ce Moment même dans cet ouvrage me voici", de Derrida sobre Levinas.

Não consigo fingir que não estou
com medo. Mas meu sentimento
predominante é a gratidão. Amei e
fui amado, recebi muito e dei algo em
troca, li, viajei, pensei, escrevi. Tive meu
intercurso com o mundo, o intercurso
especial dos escritores e leitores.

Acima de tudo, fui um ser
senciente, um animal que pensa,
neste belo planeta, e só isso já
é um enorme privilégio e uma
aventura.

OLIVER SACKS

Esses são os dois últimos parágrafos do ensaio "My Own Life", que o neurologista e escritor Oliver Sacks escreveu quando soube que teria poucos meses de vida. Publicado inicialmente no *The New York Times*, faz parte da coletânea de textos do autor lançada pela Companhia das Letras sob o nome de *Gratidão*. Filho de judeus praticantes, Oliver Sacks nasceu em Londres no dia 9 de julho de 1933 e se formou em medicina em Oxford. Depois de fazer residência em San Francisco, mudou-se para Nova York em 1965. Desde então, consagrou-se como médico, cientista e autor. Capaz de uma escrita envolvente, publicou dezenas de livros, como *O homem que confundiu sua mulher com um chapéu*, *Vendo vozes* e *Tio Tungstênio*. Faleceu em 30 de agosto de 2015, aos 82 anos.

Obrigado: a gratidão é um sentimento importante. Sabemos agradecer?
É importante manter viva a consciência de que a outra pessoa é um dom de Deus, e aos dons de Deus se diz "obrigado". Não é apenas uma palavra amável para usar com estranhos, para mostrar educação. É preciso saber dizer "obrigado" para caminharmos juntos.

A alegria brota de um coração agradecido.

PAPA FRANCISCO

As duas frases foram pinçadas de falas do papa Francisco. A primeira foi dita na praça São Pedro, no Vaticano, em um discurso direcionado a casais em 14 de fevereiro de 2014 — Dia dos Namorados em alguns países. A segunda foi proferida durante uma missa em 2015, por ocasião de uma visita do papa a Nova York. Jorge Mario Bergoglio nasceu em 17 de dezembro de 1936 em Buenos Aires e foi eleito papa no dia 13 de março de 2013, após a renúncia de Bento XVI. Adotou então o nome de Francisco, em homenagem a são Francisco de Assis.

Gratidão é a capacidade de trazer à memória, com uma postura de humildade, todo apoio e ajuda que recebemos. É um estado mental. Quando reconhecemos amorosamente a bondade em outra pessoa, esse reconhecimento ajuda a despertar a bondade em nós mesmos. Quando olhamos para nosso passado com essa atitude de reconhecimento, compreendemos que devemos muito a milhares de pessoas. Levaríamos muitas vidas para compensar essas dívidas, especialmente em relação à natureza e, acima de tudo, a Deus. De fato, a gratidão nos beneficia mais do que qualquer outra coisa. A positividade e a bondade que são despertadas em nosso interior como resultado da gratidão por sua vez beneficiam a sociedade e o mundo inteiro.

MĀTĀ AMRITANANDAMAYĪ, AMMA

Sudhamani Idamannel, nome de batismo de Mātā Amritanandamayī, nasceu em 27 de setembro de 1953 em Kerala, um vilarejo de pescadores muito pobre na Índia. Há quase quarenta anos, é mais conhecida como Amma, que significa "mãe" em diversas línguas. Uma verdadeira legião de pessoas a considera santa (*mahatma*, em hindi). A fundação Mātā Amritanandamayī é descrita pela Organização das Nações Unidas como "a única organização não governamental capaz de promover um esforço humanitário completo em larga escala". Como ela faz isso? Com abraços. Já abraçou mais de 35 milhões de pessoas e é capaz de passar vinte horas sem se levantar, distribuindo abraços. Para ela, "Quando existe amor, não existe esforço". Amma foi pioneira em inúmeros programas humanitários em todo o mundo através do projeto Embracing the World [Abraçando o mundo].

Há alguns dias eu estava pensando sobre o que dizer para meus companheiros de trabalho a respeito de tudo o que têm me dado — e tem sido muito.

De repente descobri uma coisa na qual eu nunca tinha pensado: em inglês ou em alemão, costuma-se agradecer no nível mais superficial da gratidão. Quando se diz "*thank you*" ou "*zu danken*", estamos agradecendo no plano intelectual.

Na maior parte das outras línguas europeias, agradece-se no nível intermediário da gratidão. Quando se diz "*merci*", em francês, quer dizer dar uma mercê, dar uma graça. Eu lhe dou uma mercê, estou grato a você, dou-lhe uma mercê por aquilo que me trouxe ou que me deu. Ou "*gracias*", em espanhol, e "*grazie*", em italiano. Dou-lhe uma graça por aquilo que me deu, e é nesse sentido que lhe agradeço, é nesse sentido que estou grato a você.

É só em português, que eu saiba, que se agradece com o terceiro nível, o mais profundo do tratado da gratidão. Nós dizemos "obrigado". E "obrigado" quer dizer isto mesmo: fico-lhe obrigado. Fico obrigado perante você. Fico vinculado a você. Fico comprometido a um diálogo com você.

ANTÓNIO NÓVOA

Doutor em ciência da educação e história moderna contemporânea, António Manuel Seixas Sampaio da Nóvoa nasceu em Valença, Portugal, em 1954. É professor catedrático do Instituto de Educação da Universidade de Lisboa e reitor honorário da mesma universidade. Considerado erudito, escreve sobre história, psicologia da educação, educação comparada e formação de professores. Este texto é parte do discurso que ele proferiu em 2015, na Universidade de Brasília (UnB), onde foi consagrado doutor honoris causa.

A gratidão é uma manifestação da luz. Se você pode agradecer é porque encontrou luz dentro de si. Quem agradece é seu coração. Se você pode agradecer é porque seu coração está aberto. Um coração aberto é sinônimo de presença, e a presença é uma fragrância da divindade que o habita — um vislumbre do Eterno.

SRI PREM BABA

Nascido em São Paulo em 9 de novembro de 1965, Janderson Fernandes de Oliveira é o mestre Sri Prem Baba, da linhagem sachcha, do norte da Índia. Formado em psicologia, Sri Prem Baba foi atraído para a cidade indiana de Rishikesh em busca das filosofias védicas hindus e virou discípulo de Sri Sachcha Baba Maharaj Ji. Com o tempo, foi reconhecido pelo guru como herdeiro das verdades místicas. É, desde então, propagador da metodologia de autoconhecimento Caminho do Coração, que prega o amor desinteressado. Também fundou o movimento Awaken Love e o Instituto Awaken Love Action.

Queridos dias consecutivos sem
e-mail, Facebook, Instagram ou
mensagens de texto,
Muito obrigada por me
proporcionarem férias de verdade.
O sol, a areia e os coquetéis com
rum ajudaram bastante, mas foi a
total falta de conexão com redes
sociais que realmente refrescou
minha cabeça.

Tudo de bom,
Leah

LEAH DIETERICH

Além de trabalhar como redatora e diretora de arte em uma agência de publicidade, Leah Dieterich é dona do blog <thxthxthx.com>, em que publica recados em post-it exercitando a gratidão. Seus posts podem ser lidos como uma forma de encontrar motivos para agradecer e rir da nossa própria rotina. Leah diz ter sido inspirada pela mãe a ser grata todos os dias. Ela mora e trabalha em Los Angeles.

Aos leitores,
gratidão,
essa palavra-tudo.

CARLOS DRUMMOND DE ANDRADE

O escritor Carlos Drummond de Andrade decidiu, em setembro de 1984, pouco antes de completar 82 anos, parar de escrever suas crônicas semanais. Depois de tentativas infrutíferas dos diretores do *Jornal do Brasil* de dissuadi-lo da ideia, em 29 de setembro Drummond publicou "Ciao", "um adeus sem melancolia mas oportuno". O belo texto termina com o agradecimento aos leitores. Nascido em Itabira, Minas Gerais, em 31 de outubro de 1902, Drummond morreu no Rio de Janeiro em 1987, três anos depois da publicação de sua última crônica.

Pratique, pratique, pratique

Nesses mais de 25 anos de prática, ouvi pacientes muitas vezes terminarem a sessão falando da gratidão que sentem.

Esse sentimento é avassalador. E, se você não está acostumado com ele, como foi o meu caso, pode até se assustar. Entrar em contato com o estado de gratidão dos outros e ter de lidar com esse sentimento tão grande e que me era desconhecido mostrou quão incompleto estava meu trabalho.

Quando me dei conta pela primeira vez do surgimento da gratidão em uma sessão, fui tomado por duas sensações. Uma parte de mim parecia alguém extremamente sábio e em paz. Ao mesmo tempo, senti como se estivesse esmagado por ansiedades que me cobravam uma maneira de lidar com aquilo.

Levei algum tempo para entender o que esses pacientes expressavam. Em retrospecto, é curioso constatar que fui capaz de levar um paciente a um alto estado de gratidão sem ter consciência de que estava fazendo isso.

Em vez de começar com o básico e aprender o que é gratidão na teoria, meu aprendizado começou com a vivência. Tive contato com o mais puro estado de gratidão. Ouvi pacientes ao final de uma sessão tentando descrever a consciência de estar em total conexão com tudo o que nos rodeia.

O simples hábito de ter uma atitude de gratidão perante aquilo que nos cerca é um caminho.

No caso dos meus clientes, parece que a mudança é tão drasticamente diferente da forma como eles viviam que esse estado não dura muito. Mas, em seu lugar, fica um saber, além da sensação de que é fácil acessar essa nova perspectiva de vida. Algo que já sabiam existir, mas que estava esquecido. E esse reconhecimento é tão profundo que inibe antigas formas de pensar.

A principal razão para esse estado de gratidão não durar diz respeito a antigos padrões de comportamento que lentamente corroem o aprendizado. Portanto, quem quiser entender e manter um estado de gratidão precisa criar bases para sustentá-lo.

Pratique, pratique, pratique. Tão importante quanto conhecer o estado de gratidão é ter a mente aberta para os novos conceitos que esse estado irá trazer. E somente a prática possibilita isso.

Há muitas armadilhas no caminho. Estamos mais presos do que imaginamos a hábitos e crenças desenvolvidos no período em que a gratidão estava esquecida. Sustentar a superconectividade que advém dessa prática não é simples.

Em contato com a gratidão, a percepção de realidade muda, e a mente corre em busca de uma explicação para o estado em que a pessoa está. Talvez retorne a um passado em que somente o básico era necessário para "ser", o tempo em que somente o presente interessava. Antes do ego se estabelecer com suas necessidades e desejos de ser, antes de sermos fragmentados pelos julgamentos e pela sociedade.

Gratidão é um estado de conhecimento, e eu defino conhecimento como um estado de consciência em que pensamentos, julgamentos e vontades são deixados de lado. Tenho visto pessoas tão calmas quanto Buda. Sua existência está totalmente no tempo presente. A consciência domina o espaço. A habilidade de expandir a consciência toma o lugar da vontade que o superego tem de controlar tudo. Com esse campo de visão expandido, começamos a desenvolver um senso de interconectividade.

Julgamentos não se apresentam. Se eles surgem, toda a sensação de completude e integração advinda da gratidão é sugada com a rapidez de um possante aspirador de pó. Os pensamentos são pesados, ocupam espaço; o ar fica denso. Mas uma pessoa em estado de gratidão exala uma energia maior, que se eleva. Você se sente bem apenas por estar ali.

Com esse senso de interconectividade, a pessoa também alcança a imperturbabilidade. A necessidade de defender um estado permanente de vigília se vai. Com essa paz e esse intenso sentimento de aceitação, fica fácil perceber quão especial é todo ato de dar e de receber. Gratidão é o conhecimento de que dar e receber é algo equilibrado e constante do nosso fluxo de vida.

Sem começo, nem fim.

JEFF ROMANOWSKI

Jeff Romanowski é um terapeuta neuromuscular norte-americano. No início da década de 1990, ele começou a desenvolver uma técnica de terapia corporal que combina a pressão em pontos específicos do corpo com a atenção dirigida para a respiração. É o Método Romanowski, que parte da premissa de que o corpo guarda a memória de vivências passadas e de que as tensões musculares podem ser lembranças de más experiências que a pessoa teve. Desde que desenvolveu seu método, Romanowski dá aulas e aplica a técnica nos Estados Unidos, na Espanha, na Inglaterra, na Croácia, na Eslovênia, na Bósnia e no Brasil. Jeff vive atualmente com sua família na parte rural de Nova York e escreveu esse depoimento especialmente para este livro.

"SEM
COMEÇO,

NEM
FIM."

parte dois

praticando a gratidão

*Há práticas que podem levá-lo a um
estado de gratidão.*

I

Faça uma lista com cinco coisas pelas quais você é grato.

Repita isso por vinte dias seguidos.
Perceba a mudança que isso faz na sua vida.

Se quiser, continue com o exercício indefinidamente.

2

Healing e gratidão

Sentir gratidão alimenta o coração, a alma e atrai alegria e luz para nossas vidas. Agradecer gera contentamento, amparo para nossas necessidades e nos traz para o momento presente. Ir ao encontro de pessoas e coisas que apreciamos projeta naturalmente nossa energia a partir do chacra do coração, nutrindo-o.

Nesse processo de expansão natural, a vida se revela, e vislumbramos outra dimensão com todas as perdas, faltas e dificuldades que experimentamos. A gratidão sustenta nosso campo energético com sentimentos, pensamentos, emoções e com movimentos que vão ao encontro da Fonte, criadora e provedora de todas as coisas, de todas as pessoas e de tudo do mundo.

O uso intencional da gratidão através da meditação e do serviço com outras pessoas tem o poder de evocar uma "presença" (consciência) e uma proteção espiritual, que abrem infinitas possibilidades e proporcionam um canal de bênçãos.

Exercício meditativo do *healing*

Sente-se confortavelmente numa cadeira, com a coluna mais ou menos ereta ou na posição de lótus.

Respire de forma pausada, inspirando pelas narinas, fazendo uma pequena pausa, expirando pela boca e fazendo mais uma pausa. Repita esse processo algumas vezes. Relaxe.

Sinta seu campo energético ao redor do corpo físico. Visualize uma luz dourada ocupando inicialmente seu campo e deixe que essa luz alcance seu corpo físico até o nível do esqueleto, ou seja, até que seu esqueleto seja preenchido por essa luz dourada. Relaxe.

Leve sua consciência para o chacra do coração, situado na parte central do peito, no corpo físico. Deixe a luz dourada penetrar nessa área e associe isso à palavra "gratidão". Relaxe.

Deixe virem pensamentos, sentimentos, memórias, desejos, emoções, sem julgamentos ou elaborações. Relaxe.

Retome o contato com o chacra do coração, com a luz dourada e com o sentimento de gratidão. Para terminar o exercício, deixe toda essa energia se expandir de volta para seu campo energético, podendo ir além dele.

Experimente fazer esse exercício de forma ampla e/ ou para renunciar ao jogo de culpabilidade que fazemos conosco e com os outros. Tente enviar vibrações de alegria e gratidão para outras pessoas e observe os efeitos disso na sua vida e na vida dos outros.

ISIS PRISTED

Isis Pristed trabalha com *healing* no Rio de Janeiro, São Paulo e Salvador — onde vive —, além de promover encontros para práticas em muitos outros lugares do Brasil e da Europa.

Ela é especializada no estudo de energia, corpos físicos e não físicos, meditação e influência dos campos energéticos sutis nas diferentes dimensões do ser humano. Por mais de três décadas trabalhou com Bob Moore, técnico em energia elétrica irlandês que desenvolveu os fundamentos filosóficos, teóricos e práticos do *healing*.

No site <www.logoscentro.org>, criado e administrado por Isis e sua equipe, ficamos sabendo que o *healing*, por meio de práticas de centramento, meditação e balanceamento das polaridades, associadas à respiração, ao relaxamento e ao uso de cores e símbolos, procura integrar o campo energético humano, promovendo a circulação da energia através da anatomia e da fisiologia dos chacras e de áreas e pontos de energia nas diferentes dimensões da pessoa. Esse movimento possibilita ao indivíduo o conhecimento e a liberação de seus bloqueios energéticos, mentais e emocionais e, simultaneamente, o fortalecimento da expressão de seu potencial criativo.

Sob a orientação de Isis, esse trabalho ganha uma dimensão sutil e poderosa, que nos proporciona uma abertura para a possibilidade de uma transformação individual e de nossa relação com os outros, com a natureza e com as muitas energias que nos rodeiam.

3

Añjali mudra

Para praticar o añjali mudra, pressione as mãos
com firmeza (porém sem exercer força) uma
contra a outra e posicione os polegares próximos
ao esterno e ao coração. Incline a cabeça
levemente para a frente a fim de eliminar possíveis
rugas na nuca e eleve o esterno em direção aos
polegares para alongar a coluna. O mudra pode
ser feito tanto sentado (de preferência em alguma
variação da posição de lótus) quanto em pé. Faça
algumas respirações profundas e permaneça assim
por cerca de cinco minutos.

O mudra é uma posição específica do corpo que canaliza a energia produzida por ássanas (posturas de ioga) e pranaiamas (técnicas de respiração) para vários centros do corpo, acordando certos estados da mente. Alguns mudras também são considerados a linguagem de sinais da ioga, caso do añjali mudra, que equivale ao termo "namastê", muitas vezes dito no final das aulas de ioga. O termo em sânscrito quer dizer "Eu me curvo ao divino em você" e é usado em muitos países asiáticos como um cumprimento e um gesto de respeito, reverência e humildade. O mudra e o termo passaram também a ser uma forma de agradecimento.

Além de elevar nosso estado de consciência, podemos usar o añjali mudra para abrir o coração e agradecer, focando no momento presente — uma grande dádiva que merece agradecimento sempre!

4

Postura da sela

Comece sentando em cima dos pés, com os
joelhos totalmente flexionados e levemente
separados. Incline-se para trás, usando as mãos
como apoio. Se isso for muito intenso para seus
joelhos, você pode substituir essa postura pela
da foca (sobre a qual falaremos a seguir). Deite
o tronco em cima de um almofadão firme, que
apoie a área das costas acima da lombar, o pescoço
e a cabeça. Abra os braços e encontre um ângulo
confortável para que eles descansem no chão.
Sinta a abertura no peito.

Abrir o coração é uma ótima forma de
estimular a gratidão, e existem várias posturas
boas para isso. Uma delas é esta postura da sela,
da *yin* ioga.

Se a flexão dos joelhos for muito intensa, você
pode colocar um cobertor enrolado atrás deles.
Se a sensação de se apoiar sobre os tornozelos
for muito desconfortável, posicione o cobertor
entre os tornozelos e o chão.

5

Postura da foca

Para fazer a postura da foca, deite de barriga para baixo, com os braços esticados para a frente. Inspire e, usando os músculos das costas, deslize as mãos para mais perto do tronco até ficarem cerca de dez centímetros à frente da linha dos ombros, com os braços estendidos. Os braços são usados como postes nessa postura, a não ser que você tenha hiperflexibilidade (nesse caso, evite travar os cotovelos, mantendo-os levemente flexionados). Você pode virar as mãos um pouco para fora, como se fossem nadadeiras de foca. Mantenha uma distribuição uniforme do peso nas duas mãos, evitando sobrecarregar a região dos pulsos. Mantenha a cabeça ereta, acompanhando a linha da coluna, para que a nuca fique confortável.

Essa postura, também da *yin* ioga, ao alongar o peito para longe do abdômen, abrindo a parte da frente do tronco, estimula os meridianos (linhas energéticas da medicina chinesa) dos pulmões, do coração e dos rins. Na medicina chinesa, acredita-se que quando a energia dos rins está equilibrada somos capazes de acessar nossa gentileza inata, nossa abertura e nossa sabedoria natural.

Se a postura da foca for muito intensa para suas costas, pode-se optar pela postura da esfinge, que é parecida: deitado de barriga para baixo, posicione os cotovelos no chão logo abaixo da linha dos ombros e estique os braços, mantendo os antebraços paralelos um ao outro, com a palma das mãos virada para baixo.

6

A palavra "mindfulness", ou atenção plena, tão repetida atualmente, refere-se a uma prática budista que nos convida a estarmos conscientes de que tudo está em constante mudança. Bem aplicada, ela nos coloca no momento presente, com atenção plena ao que ocorre à nossa volta e dentro de nós. São quatro os fundamentos do *mindfulness*; e um deles é de excelente ajuda para despertar em nós o sentimento de gratidão.
A maior felicidade e fonte de amor está dentro de nós. Podemos despertar e aumentar o poder de *metta* (amor incondicional) e *karuna* (compaixão) em nós com a repetição de certas frases durante nossa meditação, nossa prática de ioga ou simplesmente em alguns momentos do nosso dia.
A seguir, algumas sugestões de frases *metta* e *karuna*. Elas podem ser pronunciadas em voz alta ou mentalmente, pensando em você ou em algo que você queira superar. Depois repita a frase pensando em alguém que lhe faz bem. Em seguida, em alguém por quem você não tem nenhum sentimento especial. E, finalmente, pense em pessoas que lhe causam algum sentimento ruim e repita as frases em intenção a essa pessoa.

Essas frases, aparentemente simples, nutrem o cérebro, trazendo estabilidade, criando novas conexões neurológicas relacionadas ao coração e gerando mais amor e compaixão por nós e pelos outros.

Frases de *metta*:

Que eu esteja livre do medo e de danos.

Que eu esteja satisfeito com o que eu sou.

Que eu esteja em paz com o que vier.

Frases de *karuna*:

Quando passo pela experiência da solidão (ou qualquer emoção difícil), sei que outros a sentem também. Que eu esteja disposto a me abrir para a solidão.

Quando você passa pela experiência da solidão (escolhendo alguém que você sabe que está enfrentando dificuldades para trabalhar a seu lado ou pensando nessa pessoa), sei que eu também passei por isso. Que nós dois estejamos dispostos a nos abrir para a solidão.

Quando passo pela experiência de conexão (ou qualquer emoção de bem-estar), sei que outros também desejam senti-la. Que eu esteja disposto sentir a conexão em sua plenitude.

7

Meditar caminhando em nome da gratidão

Nós, que temos duas pernas, podemos praticar facilmente a meditação enquanto caminhamos. Não devemos nos esquecer de sentir compaixão por aqueles que não podem fazê-lo e manifestar gratidão por sermos capazes. A melhor forma de expressar isso é caminhar por nós e por todos os que não podem. Ao fazer isso, devemos pensar: caminhamos por todos os seres vivos — passados, presentes e futuros.

THICH NHAT HANH

Thich Nhat Hanh nasceu no Vietnã em 11 de outubro de 1926. É monge budista, além de poeta, escritor e pacifista. Autor de mais de setenta livros, é reconhecido por difundir entre os ocidentais a prática de meditar caminhando.

8

Meditação da gratidão

Para praticar a gratidão através da meditação, sente-se com a coluna reta numa cadeira, no chão ou em qualquer lugar que lhe permita manter a postura ereta com conforto.

Feche os olhos, inspire profundamente pelo nariz e pela boca entreaberta e leve o ar para o abdômen. Expire pela boca, deixando o ar raspar na garganta.

Deixe que os pensamentos desfilem à sua frente sem se envolver neles. Se você ficar atento ao caminho do ar entrando e saindo do corpo, chegará um momento em que só existirá sua respiração. Se sua mente se distrair e fugir, traga-a gentilmente para o momento presente e continue inspirando e expirando.

Visualize então à sua frente uma pessoa que lhe fez algo de bom ou simplesmente uma condição de vida que lhe é favorável, relacionada a sua saúde, seu trabalho ou sua família. Inspire essa graça e expire gratidão por ela até se sentir envolvido por um campo energético de amor e paz.

Lentamente volte sua atenção para seu centro e também agradeça ao seu Eu Superior. Recupere a noção do seu corpo.

9

Ho'oponopono

Os povos ancestrais do Havaí acreditavam
que as doenças eram frutos de erros dos seres
humanos. Irritados com essas falhas, os deuses
enviavam-lhes doenças. Para curar as doenças
e reconciliar as famílias tristes com tudo o
que uma doença em um ente querido provoca,
praticava-se o *ho'oponopono*.

Em havaiano, "ponopono" quer dizer correção,
ordem, arrumação, revisão, ajuste, regulagem.
A partícula "ho" transforma esse substantivo
em verbo.

Nos tempos atuais, as frases mágicas proferidas
para curar e reconciliar as famílias são usadas
com muitas finalidades. O exercício é simples e
traz gratidão, perdão e alegria para o cotidiano.

Pense em você e nas pessoas que ama e diga:

Sinto muito

Me perdoe

Te amo

Sou grato

Depois pense em pessoas que não lhe causam
nem amor nem raiva e repita as mesmas
frases. Por último, pense em pessoas que o
ofenderam ou que lhe despertam sentimentos
ruins e então repita as frases. Elas devem
ser ditas em voz alta e repetidas muitas vezes.
Tantas quantas você sentir vontade.

10

Agradeça pelo corpo que tem

Todo corpo pode muito mais do que não pode. Movimenta muito mais do que não movimenta. O convite aqui é para que cada um experimente as capacidades do seu corpo: quais movimentos você consegue fazer? Tem força? Consegue correr? Senta direito? Tome consciência das inúmeras possibilidades que seu corpo lhe oferece e agradeça.

Para melhorar ainda mais esse sentimento, comece a movimentar o que o incomoda. Como? Coloque-se diante de um espelho, de preferência nu. Observe atentamente seu corpo e descubra o que o incomoda. Pense por que aquela parte é desse jeito.

Se for por herança genética, agradeça por tê-la recebido de seus antepassados. Se for pela repetição de uma postura ou comportamento, agradeça o que o fez chegar até ali. E tente sempre melhorar. Busque uma forma que o agrade de movimentar essa parte do corpo. Conforme for recuperando os movimentos, agradeça. Faça isso com todas as partes do corpo que o desagradam, mas nunca se esqueça de perceber que seu corpo pode muito mais do que não pode. E que você deve agradecer — e ser imensamente feliz — por isso.

JAQUELINI S. PORTO

Jaquelini S. Porto é fisioterapeuta e há mais de vinte anos dá aulas de *balance* no Rio de Janeiro. A técnica que ela mesma criou e aprimora mistura tudo o que ela continua aprendendo sobre corpo e movimento nos inúmeros cursos e especializações que fez.

11

Agradeça por suas refeições

Agradeço a todas as mãos e a todos os seres que me trouxeram este alimento.

Essa prece é proferida entre os zen-budistas japoneses antes de cada refeição. A ideia é nos recordar da conexão que os homens têm com a natureza e de que não existe felicidade sem o outro.

Aqui trazemos apenas uma sugestão de como fazer esse agradecimento, mas você pode desenvolver a sua forma de agradecer ao que o nutre.

12

Pote da gratidão

Mantenha em casa um pote vazio e estimule as pessoas que vivem com você ou que o visitam com frequência a escrever em pedaços de papel as coisas pelas quais são gratas e a colocá-los nesse pote. Faça isso você também.

De tempos em tempos, leia para todos em voz alta o que foi depositado ali.

13

Carta de agradecimento

Pense em alguma pessoa que o ajudou a ser alguém
melhor. Escreva uma carta contando isso a ela.
Escolha as palavras mais expressivas que encontrar.
Entregue a carta pessoalmente — se possível, não
avise sobre sua visita. Leia a carta para a pessoa
antes de entregá-la.

Esse exercício foi desenvolvido pelo professor Martin Seligman, da Universidade de Psicologia da Pensilvânia, nos Estados Unidos. Segundo ele, essa experiência o encherá de alegria por no mínimo um mês.

Agradecimentos

Gostaria de agradecer imensamente à Quezia Cleto, minha editora, que me convidou a fazer um mergulho nessa palavra que me acompanha faz alguns anos. E ao Matinas Suzuki, que colocou a Quezia na minha vida.

Sem a ajuda de muitas pessoas, esta obra não seria possível. Vou enumerar algumas delas:

Jaquelini S. Porto, que me enche cada dia mais de amor e coragem.

Isis Priested, uma inspiração.

Jeff Romanowski, meu muito obrigada. E também à Paula Gama e à Mariana Candeia, que divulgam seu método no Brasil. É uma alegria ter cruzado o caminho de vocês.

Andrea Wellbaum, muito obrigada pelos exercícios lindos e superbem explicados. Você é o máximo!

Gilda Telles, obrigada pelos exercícios e por ser tão amiga. Suzana Bittencourt também.

Ao professor Leandro Karnal, muito obrigada pela hora de erudição e pelas belas palavras.

Renata Leão e Giovana Calandrielo, obrigada pelo profissionalismo e pelo carinho.

Marcelo Rezende, obrigada pelas dicas brilhantes e por sua inteligência sempre.

Ana Luiza Beraba, Adriana Dias Lopes, Claudia Fontoura, Ana Paula Franzóia, Andrea Uchida Campos, Rafael Mantesso, Marcia Busch, Karla Nastari Pacheco Machado, Jana Tahira, Izabela Moi, Maria do Rosário Von Flach, Caio Vilela, Maria Cristina Jerônimo, Igor Gandra, Luiz Werneck, Alyne Azuma, Betina Bernardes, Daniela Falcão, muito obrigada pelas dicas de ouro.

Aos De Bartolo Chagas — Léa, Carmo, Juliana, Marcela —, obrigada por sempre estarem aí. Não sou nada sem vocês.

Aos Chagas Leiva — João, João Francisco, João Henrique —, obrigada por encherem minha vida de sentido todos os dias.

Aos Leiva — Marilena, Mariana, João Paulo, Maria Fernanda, Renata, Felipe —, obrigada por serem minha segunda família. Ana Paula de Souza e Christian Villapando, agregados como eu, muito obrigada também.

Claudineia Dias dos Santos, Marilza Solange dos Santos (Mari) e Luciana Junqueira, obrigada pelo suporte e pela amizade.

Beatriz Tepedino, obrigada por estar tão perto e ser tão doce.

Muito obrigada a você, leitor. Adoro saber que você existe e está aí.

A todos, meu amor!

Lista de créditos

p. 34: extraído de *A Bíblia de Jerusalém* (8. reimpr. São Paulo: Paulus, 2000).

p. 42: extraído de *Folhas de erva* (Lisboa: Assírio & Alvim, 2003), de Walt Whitman, selecionado e traduzido por José Agostinho Baptista.

p. 46: extraído do volume VI da *Suma teológica* (São Paulo: Loyola, 2005), de Tomás de Aquino.

p. 48: extraído de *Os prazeres e os dias* (Rio de Janeiro: Rio Gráfica, 1986), de Marcel Proust.

p. 50: extraído de *Primeira poesia* (São Paulo: Companhia das Letras, 2007), de Jorge Luis Borges. Utilizado com permissão da The Wylie Agency (UK) Limited.

p. 52: extraído de *Shamati* (*Eu ouvi*) (Toronto: Laitman Kabbalah Publishers, 2014), de Yehuda Ashlag, organizado por Michael Leitman.

p. 54: extraído do volume II de *Poesía* (Bilbao: Noguer, 1974), de Pablo Neruda. Tradução livre.

p. 58: extraído de *A descoberta do mundo* (Rio de Janeiro: Rocco, 1999), de Clarice Lispector.

p. 60: extraído de *Teoria e valor cultural* (São Paulo: Loyola, 1994), de Steven Connor.

p. 62: extraído de *Gratidão* (São Paulo: Companhia das Letras, 2015), de Oliver Sacks. © 2015 by Oliver Sacks, utilizado com permissão da The Wylie Agency (UK) Limited.

© BEL PEDROSA

Sobre a autora

Carolina Chagas é jornalista, editora e mestre em comunicação e semiótica pela puc-sp. Trabalhou em *O Estado de S. Paulo*, *Jornal da Tarde*, *Folha de S. Paulo*, Editora Abril, Portal iG e Rede tv!. Devota de São José, São Longuinho e Nossa Senhora Desatadora dos Nós, é autora de *O livro dos santos*, *O livro das graças*, *Nossa Senhora!*, *Nossa Senhora Aparecida*, *Frei Galvão*, *Santo Expedito* e *Santo Antônio*, além de coautora de *Escoffianas brasileiras*, do chef Alex Atala. Pela Fontanar, publicou *Orações do povo brasileiro* (2014) e *Orações de Nossa Senhora* (2016).

TIPOGRAFIA *Mrs Eaves e Mr Eaves*
DIAGRAMAÇÃO *Estúdio Bogotá*
PAPEL *Pólen Bold, Suzano S.A.*
IMPRESSÃO *Gráfica Bartira, maio de 2021*

A marca FSC® é a garantia de que a madeira utilizada
na fabricação do papel deste livro provém de florestas
que foram gerenciadas de maneira ambientalmente
correta, socialmente justa e economicamente viável,
além de outras fontes de origem controlada.